RÉPERTOIRE
DRAMATIQUE

DES AUTEURS CONTEMPORAINS.

N. 263.

Théâtre des Variétés.

LES BÉDOUINES DE PARIS,

COMÉDIE EN UN ACTE, MÊLÉE DE COUPLETS.

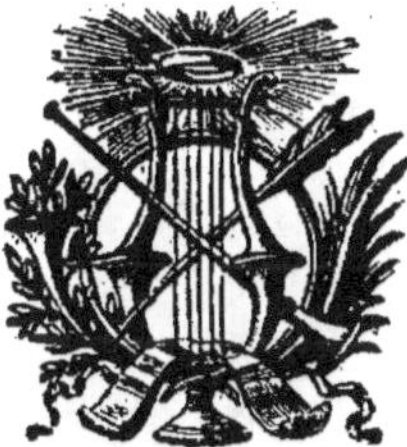

40 CENTIMES.

PARIS,

DÉPOT DU RÉPERTOIRE DRAMATIQUE, AU BUREAU DE *LA BIBLE*,
rue d'Enghien, 26.

Et chez TRESSE, successeur de J.-N. BARBA, Palais-Royal,

1844.

RÉPERTOIRE

DRAMATIQUE

LES AUTEURS CONTEMPORAINS.

N. 203.

Théâtre des Variétés.

LES BÉDOUINS DE PARIS,

COMÉDIE EN UN ACTE, MÊLÉE DE COUPLETS.

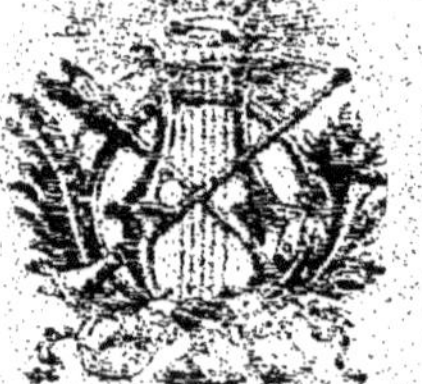

20 centimes.

PARIS,

DÉPOT DU RÉPERTOIRE DRAMATIQUE, AU BUREAU DE LA MUSIQUE,
Rue Grespion, 20.

PLACE TRESSE, successeur de J.-N. BARBA, Palais-Royal.

1844.

LES BÉDOUINES

DE PARIS,

COMÉDIE EN UN ACTE, MÊLÉE DE COUPLETS,

PAR M. DU MERSAN ET DE LEUVEN,

Représentée pour la première fois, à Paris, sur le théâtre des Variétés, le 11 juillet 1844.

PERSONNAGES.	ACTEURS.
CÉSAR MOUTONNET , fils d'un pâtissier de Périgueux............	M. Kopp.
EUPHRASIE , cousine de Moutonnet...............................	Mlle Vollet.
Mme SAINTE-AMARANTE , maîtresse d'hôtel garni..................	Mlle Jolivet.
Mme SAINTE-MARIE , voyageuse...............................	Mme Félix.
ROSALINDE , femme de charge de Mme Sainte-Amarante........	Mme Ferrière.
Mme THOMASSEAU , marchande à la toilette......................	Mlle Flore.
Mlle BIBICHE , sa fille , danseuse............................	Mlle Charlotte.
Mme TOURTERELLE , musicienne............................	Mlle Lambert.

La scène est à Paris, dans un hôtel garni, rue d'Alger.

Un salon commun d'hôtel garni. Porte au fond et portes latérales. Table , chaises. Piano à la droite du spectateur.

SCÈNE I.

Mme SAINTE-AMARANTE, assise à une table et écrivant dans un registre.

Quatre cent-cinquante francs de recette et six cent-vingt-deux francs de dépense , plus le loyer... La vilaine spéculation que celle d'un hôtel garni, qui ne l'est jamais ! Ma table d'hôte va bien, mais on doit payer le 30, et on ne revient pas le 29. Enfin , j'ai un voyageur depuis hier... il a l'air bête... On m'a dit qu'il était riche !.. ses malles sont lourdes... Pourvu qu'elles ne soient pas pleines de pavés !.. Prenons garde que les femmes aimables qui logent et dînent chez moi ne l'accaparent !.. (Elle sonne et appelle.) Rosalinde !

SCÈNE II.

Mme SAINTE-AMARANTE, ROSALINDE.

ROSALINDE, entrant par le côté.
Madame !

Mme SAINTE-AMARANTE.
Ce jeune homme est-il levé?..

ROSALINDE.
Il n'a pas encore sonné.

Mme SAINTE-AMARANTE.
Il est très bien, ce jeune homme ! Le commissionnaire de la diligence qui l'a amené dans mon hôtel et qui a apporté ses malles, m'a dit qu'il se nommait César de la Riffardière, et qu'il était fils unique du receveur-général du département de la Dordogne... Les Périgourdins n'ont pas une réputation foudroyante de génie.

ROSALINDE.
Non... j'ai entendu dire que le pays ne produisait que des truffes.

Mme SAINTE-AMARANTE.
Ce sont les seules découvertes qu'ils se permettent. Celui qui nous arrive a une physionomie très heureuse dans ce genre-là. Je l'ai fait causer, et ce que j'ai trouvé de plus spirituel dans sa conversation, c'est qu'il m'a appris qu'il venait à Paris pour exploiter ses capitaux et se lancer dans les entreprises.

ROSALINDE.
Lui avez-vous parlé de votre hôtel, que vous voulez mettre en actions ?

Mme SAINTE-AMARANTE.
C'est la première chose que j'ai faite... N'ai-

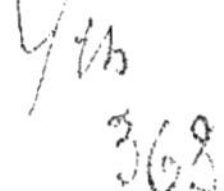

je pas eu la simplicité de signer un bail qui me ruine?

ROSALINDE.

Vous ruiner : mais vous n'avez rien !..

Mme SAINTE-AMARANTE.

J'espère bientôt avoir quelque chose... cent actions à mille francs payeront l'hôtel, que j'exploiterai en commandite... Je ne demande que six mille francs pour ma gestion, et une part dans les bénéfices.

ROSALINDE.

Et s'il n'y en a pas?

Mme SAINTE-AMARANTE.

Ce sera pour les actionnaires !..

ROSALINDE.

Je comprends... L'affaire n'est pas mauvaise.

Mme SAINTE-AMARANTE.

N'est-ce pas ? Tu seras toujours ma femme de confiance.

ROSALINDE.

Je la mérite.

Mme SAINTE-AMARANTE.

Ce jeune homme paraît disposé à me prendre une vingtaine d'actions.

ROSALINDE.

Bien... je pousserai à la roue.

Mme SAINTE-AMARANTE.

J'ai encore un projet. Tu sais bien cette jeune fille dont m'a parlé le docteur... qui cherche une place de cuisinière ou d'ouvrière, et qui doit se présenter aujourd'hui...

ROSALINDE.

Eh bien ! Madame ?

Mme SAINTE-AMARANTE.

J'en veux faire une somnambule.

ROSALINDE.

Cette idée !..

Mme SAINTE-AMARANTE.

C'est la mode !.. Une somnambule dans mon hôtel... c'est excentrique !.. ça fera sensation... Et puis, elle dira tout ce que je voudrai... En attendant, si ce jeune homme te parle de moi, tâche de savoir ce qu'il en pense.

ROSALINDE.

Il vous a déjà remarquée, et ses attentions ont redoublé quand vous lui avez dit que vous étiez veuve.

Mme SAINTE-AMARANTE.

Parle-lui de mes malheurs et de mes vertus.

ROSALINDE.

Je ne les connais pas.

Mme SAINTE-AMARANTE.

Tu en inventeras.

ROSALINDE.

J'ai de l'imagination.

Mme SAINTE-AMARANTE.

A propos, Mme Sainte-Marie doit arriver aujourd'hui... Pourvu qu'elle n'aille pas sur mes brisées. Crois-tu que je puisse me fier à elle ?

ROSALINDE.

Comme elle à vous.

Mme SAINTE-AMARANTE.

Ce n'est pas rassurant.

ROSALINDE.

Ah! mon Dieu ! c'est elle-même que j'entends... La voilà !

Mme SAINTE-AMARANTE.
Que le diable l'emporte !

SCÈNE III.

LES MÊMES, Mme SAINTE-MARIE.

Mme SAINTE-AMARANTE.
Eh ! bonjour , mon cœur !

Mme SAINTE-MARIE.
Bonjour , mon ange.

(Elles s'embrassent.)

ROSALINDE, à part.
Elles s'aiment que ça fait peur !..

Mme SAINTE-AMARANTE.
Tu devais arriver hier de Périgueux?

Mme SAINTE-MARIE.
Je suis descendue chez Mme Thomasseau.

Mme SAINTE-AMARANTE.
Tu ne m'amènes pas de voyageurs , ma bonne ?

Mme SAINTE-MARIE.
Est-ce que tu n'en a pas reçu un , hier, ma toute belle ? M. César de la Riffardière.

Mme SAINTE-AMARANTE.
Si fait... Mais comment sais-tu ?..

Mme SAINTE-MARIE.
Ah ! ma chère, il me faut un brevet d'invention. Donner l'adresse d'un hôtel, c'est vulgaire ; cela ne motive pas la confiance. On dit : Cette dame est le commis-voyageur de cette maison, elle fait l'article. Je suis plus adroite ; d'abord , je prends toujours le coupé. Je paie deux places pour qu'il n'en reste qu'une. Tout voyageur est galant; je suis sévère, aimable en conversation, mais voilà tout. La curiosité est excitée par la discrétion. On me presse pour savoir mon nom, mon adresse, pour venir me présenter ses hommages. Je refuse toute espèce de renseignemens ; mais, en descendant à l'auberge, mon sac est entr'ouvert; une lettre tombe ; le curieux la ramasse et lit : « A Madame veuve Sainte-Marie , hôtel de la Casaubah, rue d'Alger ». Le galant voyageur ne peut manquer d'y courir pour retrouver l'objet qu'il adore, car je te dirai que ce jeune homme m'adore, il me l'a juré, et je le croirai bien plus s'il est venu loger dans ton hôtel.

Mme SAINTE-AMARANTE.
Il y est. Et tu dis qu'il t'adore ?

Mme SAINTE-MARIE.
Il veut m'épouser. Ne manque pas de lui dire que je suis veuve d'un colonel.

Mme SAINTE-AMARANTE.
Mais ton prétendu , le quartier-maître, est donc mort?

Mme SAINTE-MARIE.
Non : mais il est parti pour l'Afrique et ne veut plus revenir, le scélérat ! J'ai eu de ses nouvelles. Quand ils sont là, chère, ils ont des sérails... C'est commode.

Air du Fleuve de la vie.

Chez nous, pour séduire les dames,
Il faut des soins, il faut du temps :

Mais là-bas, l'homm' qui veut des femmes,
Se conduit comme les sultans ;
Il en achète, à l'instant même,
Une douzaine, et le marchand,
Par dessus le marché, souvent,
Lui donne la treizième.

Mme SAINTE-AMARANTE,

Sois tranquille, ma bonne, je ferai tes affaires comme tu fais les miennes.

Mme SAINTE-MARIE.

Si tu avais vu comme ce jeune homme était galant pour moi... En route, à table, comme il écoutait l'histoire de mes malheurs !

Mme SAINTE-AMARANTE.

Tu as donc eu des malheurs ?

Mme SAINTE-MARIE.

Une femme sensible ne peut s'en passer. Sais-tu, bonne, que ce jeune homme est le fils d'un receveur ?

Mme SAINTE-AMARANTE.

Il voulait garder l'incognito, mais son nom était sur ses malles.

Mme SAINTE-MARIE.

C'est un parti. J'ai pris mes informations à Périgueux. C'est un dandy départemental, qui ne connaît Paris que par le *Journal des Modes* et par les feuilletons... Hein ! Pauvre garçon !

Mme SAINTE-AMARANTE.

Est-ce que tu viens t'établir chez moi, et reprendre ta chambre ?

Mme SAINTE-MARIE.

Je suis fidèle à ton hôtel et à ta table d'hôte.

Mme SAINTE-AMARANTE.

Je te quitte pour faire mes préparatifs, car toutes mes abonnées viendront aujourd'hui. A propos, je vous mènerai toutes, après le dîner, à ma maison de campagne.

Mme SAINTE-MARIE.

Tu as une maison de campagne ?

Mme SAINTE-AMARANTE.

Oui, depuis huit jours. J'ai loué une villa, à Asnières... Un joli jardin, avec des bosquets, là promenade sur l'eau, de la friture et des matelotes, une vue pittoresque ! On est vis-à-vis de l'île du Ravageur ; cela donne des émotions. La campagne rend sentimental et doit charmer aussi mon jeune voyageur. (A part.) Je suis bien vexée qu'elle le connaisse. (Haut,) Sans adieu, chère bonne.

Mme SAINTE-MARIE.

Au revoir, chère belle... (Bas, à Rosalinde.) Fais mon éloge à ce jeune homme, je serai reconnaissante.

Mme SAINTE-AMARANTE et Mme SAINTE-MARIE.

Air : Allez, que ma chère Eudoxie.

Au revoir donc, tendres amies,
Enfin, au gré de notre cœur,
Ici, nous voilà réunies.
Bénissons ce jour de bonheur.

Mme SAINTE-AMARANTE, à part.

Sans doute, cette pie-grièche
Lui dira des horreurs de moi.

Mme SAINTE-MARIE.

Je tremble que cette pimbêche

Ne cherche à m'enlever sa foi !

ENSEMBLE.

Mme SAINTE-MARIE
Au revoir donc, etc.
Mme SAINTE-AMARANTE.
Au revoir donc, etc.
ROSALINDE.
Modèles des tendres amies,
Enfin, au gré de votre cœur,
Ici vous voilà réunies.
Bénissez ce jour de bonheur.

(Mmes Sainte-Amarante et Sainte-Marie s'embrassent; puis, sortent chacune par un côté différent.)

SCÈNE IV.

ROSALINDE, seule.

Il paraît que ces chères belles vont se livrer à un assaut de petites perfidies, dont le provincial sera le prix; et elles s'imaginent que je vais faire leurs affaires... Je ne suis pas égoïste, mais je commence toujours par travailler pour moi-même.

SCÈNE V.

ROSALINDE, EUPHRASIE.

EUPHRASIE, entrant par le fond.
Mme Sainte-Amarante, s'il vous plaît ? Est-ce vous, Madame ?

ROSALINE.

Non, Mademoiselle. Que lui voulez-vous ?

EUPHRASIE.

Je désirerais lui parler.

ROSALINDE.

Je suis sa femme de confiance.

EUPHRASIE.

Je veux lui parler à elle-même.

ROSALINDE.

Ah ! c'est, sans doute, la jeune fille... Venez-vous de la part du docteur ?..

EUPHRASIE.

Vous êtes bien curieuse !

ROSALINDE.

Et vous bien discrète... Je vais chercher Madame.

(Elle sort.

SCÈNE VI.

EUPHRASIE, seule.

Le conducteur de la diligence, qui nous apporte des pâtés de Périgueux, m'a dit que mon cousin était descendu dans cet hôtel. C'est drôle qu'il ne soit pas venu tout de suite à la maison ! Ça m'a donné des soupçons et à mon père aussi. Ce brave homme qui veut nous marier et nous céder son fonds de pâtissier-traiteur ! Pourvu que je l'aime encore, mon cousin, que je n'ai pas vu depuis dix ans. Oh! oui, je l'aime encore, puisque je lui ai juré amour éternel, quand je suis partie du pays. Tâchons de savoir ce qu'il fait ici. Il ne peut pas me reconnaître, depuis le temps qu'il ne m'a vue. Je suis changée à mon avantage. Quant à lui, je le reconnaîtrai, parce que je sais que c'est lui. D'après ça, je verrai ce que je dois faire.

SCÈNE VII.

EUPHRASIE, Mme SAINTE-AMARANTE.

Mme SAINTE-AMARANTE.

Ah! c'est vous qui me demandez, ma petite?

EUPHRASIE.

Oui, Madame, je viens pour...

Mme SAINTE-AMARANTE.

Je sais : vous venez de la part du docteur, pour entrer chez moi.

EUPHRASIE, à part.

Tiens! elle me donne une bonne idée... (Haut.) Oui, Madame, je viens pour ça.

Mme SAINTE-AMARANTE.

Ça suffit. (A part.) Elle n'a pas l'air malin, ça fera mon affaire.

EUPHRASIE, à part.

Tenons-nous bien, qu'elle ne se doute de rien.

Mme SAINTE-AMARANTE

Vous savez travailler à l'aiguille... faire un peu de cuisine?..

EUPHRASIE.

Oh! je ne suis pas maladroite.

Mme SAINTE-AMARANTE.

Auriez-vous des dispositions à faire votre fortune?

EUPHRASIE, naïvement.

C'te bêtise!

Mme AMARANTE.

Vous appelez la fortune une bêtise?

EUPHRASIE.

Non... C'est une manière de parler. On dit : C'te bêtise! pour dire, il n'y a pas de doute.

Air du vaudeville du Printemps.

Par exemple, un jeune homme aimable,
S'en vient tourner autour du pot,
Vous r'garde d'un air agréable,
Et vous lâch' quelque petit mot.
Enfin il s' lanc', il parl' d'église,
D'la mairie, et dit : Voulez-vous?...
Alors on répond : C'te bêtise!
Et voilà comme on d'vient époux.

Mme SAINTE-AMARANTE.

Je comprends. Ce n'est pas mal.

EUPHRASIE.

C'est que je ne suis pas sotte, malgré mon petit air.

Mme SAINTE-AMARANTE, à part.

Physionomie naïve, esprit futé; c'est ce qu'il me faut... (Haut.) Je vous donnerai vos instructions.

EUPHRASIE.

Je ne demande pas mieux que de m'instruire,

Mme SAINTE-AMARANTE.

Rêvez-vous quelquefois?

EUPHRASIE.

Oui, la nuit.

Mme SAINTE-AMARANTE.

Et quand vous rêvez, parlez-vous tout haut?

EUPHRASIE.

Je ne sais pas. Quand je dors, je ne m'entends pas.

Mme SAINTE-AMARANTE.

Tout ce que je vous demanderai, c'est de faire semblant de dormir, et de parler comme si vous rêviez tout haut.

EUPHRASIE.

Pourquoi faire?

Mme SAINTE-AMARANTE.

C'est un état que je veux vous donner et dans lequel vous gagnerez beaucoup d'argent... (On sonne.) Mais on sonne... C'est mon voyageur. Venez, je vais achever de vous instruire...

EUPHRASIE, à part.

Bon, me voilà dans la maison... Je n'en sortirai qu'à bonnes enseignes.

SCÈNE VIII.

LES MÊMES, ROSALINDE.

SAINTE-AMARANTE, à Rosalinde qui entre.

Rosalinde, le voyageur appelle. Tu sais ce que je t'ai recommandé?

ROSALINDE.

Oui, Madame, soyez tranquille.

SAINTE-AMARANTE, lui montrant Euphrasie.

J'ai mon affaire.

EUPHRASIE, à part.

Et moi aussi.

SAINTE-AMARANTE, à Euphrasie.

Suivez-moi, ma petite.

(Elles sortent.)

SCÈNE IX.

ROSALINDE, CÉSAR.

CÉSAR, appelant.

Ohé!.. ohé!.. Garçon!.. La fille!.. (Apercevant Rosalinde.) Ah! c'est vous, Mademoiselle... J'ignore encore votre dénomination.

ROSALINDE.

Rosalinde, pour vous servir.

CÉSAR.

Oh! le ravissant nom! Il vous ressemble!

ROSALINDE.

Vous êtes bien galant!..

CÉSAR.

Toujours, avec les femmes qui ont des yeux dans la catégorie des vôtres.

ROSALINDE.

Gardez donc vos complimens pour Madame. Vous lui en avez assez fait hier!

CÉSAR.

Vous vous en êtes aperçue, jeune friponne?

Il est vrai de dire que je suis d'un acabit parfaitement gentilhomme !

ROSALINDE.

Je le crois, en vous voyant !

CÉSAR.

N'est-ce pas que j'en ai l'air ? Vous avez beaucoup de dames ici, m'a-t-on dit ?

ROSALINDE.

De toutes les espèces les plus gracieuses. Des
dames peintres, musiciennes, danseuses. Vous
les verrez. Il nous en est arrivé encore une ce
matin, une somnambule.

CÉSAR.

Diable ! Ça doit être curieux. Je voudrais l'en-
dormir.

ROSALINDE.

Vous n'aurez qu'à parler.

CÉSAR.

Et vous, belle fille, vous êtes bonne ?

ROSALINDE, se redressant avec dignité.

Femme de confiance, Monsieur ! Mais je ne
dois pas végéter long-temps dans cette position
infime. (Minaudant.) Moi, Monsieur, ma passion
serait de gouverner une maison. J'ai de l'éduca-
tion, un langage de bonne compagnie...

CÉSAR.

Ça se voit, et ça s'entend. Mais, une idée !
Dites donc, une idée ! Vous pourriez me la te-
nir, compagnie. Ça m'irait furieusement.

ROSALINDE, à part.

Il y mord ; bravo ! Maintenant, trouvons un
moyen de démolir les autres dans son esprit.

SCÈNE X.

LES MÊMES, Mme THOMASSEAU.

Mme THOMASSEAU, elle entre par le fond, chargée
de boîtes et de paquets ; elle porte un jonc très
long.

Bonjour, Mademoiselle Rosalinde.

(Elle se débarrasse de ses paquets.)

ROSALINDE.

Ah ! c'est Mme Thomasseau, la marchande à
la toilette, qui a la pratique de la maison ; femme
très intelligente.

Mme THOMASSEAU, faisant la révérence à César.

Votre servante, Monsieur...

CÉSAR.

Madame, je suis flatté...

Mme THOMASSEAU.

Ah ! je n'en puis plus ! Figurez-vous, Monsieur, que j'ai fait ce matin les quatre coins de
Paris. J'ai pris dix omnibus. Mes jambes se dé-
robent.

ROSALINDE.

Plaignez-vous donc ! Vous faites fortune.

Mme THOMASSEAU.

Ne le croyez pas, Monsieur ! On gagne de l'argent, c'est vrai ; mais on a bien de la peine et
bien des non-valeurs.

ROSALINDE.

Votre clientelle est superbe.

Mme THOMASSEAU.

Ce n'est pas la plus brillante qui paie *la*

mieux. Les femmes sont tenues de si court par
leurs maris, que l'on a besoin de mille astuces
pour les faire acheter, et de deux mille pour être
payé. L'une a envie d'une robe , celle-ci d'un
châle, un autre d'un chapeau , d'un voile ou
d'une paire de boucles d'oreilles. Le mari n'entend pas de cette oreille-là ! Il dit : «Madame,
» vous avez votre pension ! » Comme si la pension d'une femme suffisait à son entretien ! Alors
madame prend à crédit, et paie les choses le dou-
ble de ce qu'elles valent. Si monsieur demande
par hasard d'où vient le châle ou le bijou : c'est
un cadeau de la tante ou de la marraine : on l'a
gagné à une loterie de société, à un pari ; car
il y a des hommes qui parient avec les jolies
femmes, et qui perdent par galanterie. Cepen-
dant, l'échéance arrive ; on vend le châle pour
payer le voile, les boucles d'oreilles pour payer
le châle. Je reprends les objets à moitié perte ;
et si je ne vendais pas *la* même article cinq ou
six fois, je ne retirerais certainement pas cin-
quante pour cent de mon argent, ce qui est un
intérêt bien minime.

ROSALINDE, à César.

Vous entendez. Mariez-vous donc !

CÉSAR.

Et quand le mari s'aperçoit du manége ? Hein,
ma gaillarde ?

Mme THOMASSEAU.

On pleurniche, on fait une scène ; on s'éva-
nouit. On dit que monsieur est un avare, que ce
qu'il refuse à sa femme, il le donne à une autre : alors les maris n'osent plus rien dire ; ils
embrassent leur femme et paient. C'est un bai-
ser qui coûte cher, et qui n'amuse pas plus monsieur que madame ; mais, c'est en ménage comme
en politique, on a beau faire la paix, il faut toujours payer les frais de la guerre !

CÉSAR.

Cette dame sait la politique ! Forte femme !

Mme THOMASSEAU.

Monsieur, si vous avez besoin d'articles de
toilette et d'hygiène , adressez-vous à moi. Je
viens d'être exposée à l'industrie. J'espère avoir
une médaille, et être incessamment brevetée.
Voici mon prospectus.

(Elle déploie une longue pancarte.)

CÉSAR.

Diable ! il est colossal.

Mme THOMASSEAU.

Air nouveau de M. Nargeot.

Je suis marchande à la toilette,
Je vends du bon, je vends du beau,
De vieux, de neuf ; faites emplette,
Voici la veuve Thomasseau.

Vous n' sauriez croir' tout c' que j'enfonce,
Et comm' je donn' dans le progrès.
Grâce à moi, mort au savon-ponce,
Aujourd'hui, viv' le savon-grès.

Oui, Monsieur, savon-grès, fabrique à Fon-
tainebleau. Ce nouveau savon a l'avantage de
ne pas s'user. Il peut durer plusieurs siècles,
en nettoyant les mains d'une famille nombreuse.

Ce savon fait la barbe... à tous les autres. Il peut servir à repasser les couteaux, ciseaux, rasoirs, canifs et grattoirs. Pour les mains et la figure, il faut s'en frotter légèrement; son usage immodéré pouvant enlever l'épiderme. Prix : dix centimes le pain de quatre livres, ou deux kilogrammes. Dépôt chez tous les paveurs de Paris, excepté ceux en bois. Pour l'exportation, on traite de *grès-à-grès*.

(Reprise de l'air.)

Je suis marchande à la toilette,
Je vends du bon, je vends du beau,
De vieux, de neuf; faites emplette;
Voici la veuve Thomasseau.

Je perfectionne c' qu'on invente
Dans chaque spécialité ;
Et dans les chemises, je m' vante
D'être utile à l'humanité.

Oui, Monsieur, depuis long-temps le besoin se faisait sentir d'empêcher les chemises de remonter et de faire des plis. Mme Thomasseau, chemisière brevetée de plusieurs têtes couronnées, vient de satisfaire au vœu de la société, en inventant les chemises à *sous-pieds*. Le modèle de ses chemises sans fentes était *déjà beau*. Celui de la chemise à sous-pieds, la place au premier rang des bienfaiteurs de l'humanité. Les cols de Mme Thomasseau ne sont pas moins remarquables; sa fabrique est à *Colmar*. Elle fournit l'*École Polytechnique*, *les cols des pères*, *les cols des maris*, *les cols des vieillards*. Elle se charge, pour les régimens, de toute la fourniture *des cols ; forte* d'une expérience de dix années, et après avoir eu avec les meilleurs *collaborateurs* plusieurs *colloques*, elle est l'inventeur du *col latéral*, qui s'attache sur le côté. Elle prie le lecteur de n'avoir confiance que dans les *colsporteurs* de sa signature.

Je suis marchande à la toilette.
Je vends du bon, je vends du beau,
De vieux, de neuf; faites emplette,
Voici la veuve Thomasseau.

CÉSAR.
En voilà, des cols !

ROSALINDE, à César.
Ah ! à propos... Si vous vouliez aussi faire une bonne affaire, j'ai une belle occasion, moi; une partie de burnouss, que j'ai reçue directement d'Alger, et que je vous céderais au prix coûtant.

CÉSAR.
Des burnouss!.. Qu'est-ce que j'en ferai ?

ROSALINDE.
Vous en trouverez ici le placement. Toutes ces dames vous en prendront!

CÉSAR, à part.
Décidément, je deviens négociant. Je vais faire de grandes affaires. (Haut.) Je prends vos burnouss.

ROSALINDE.
Je vous les apporterai tantôt...

Mme THOMASSEAU, montrant une grande canne.
Encore une chose ! J'ai un superbe jonc tigré, jonc femelle, phénomène, dédié au cabinet d'histoire naturelle, prix fixe : *quatre mille francs.*

CÉSAR.
J'en donnerais bien cent sous.

Mme THOMASSEAU, avec dédain.
Ah ! Monsieur... (Lui donnant le jonc.) Prenez-le !.. parce que c'est vous !.. Rosalinde, je dîne ici... Je vais chercher ma bibiche.

CÉSAR.
Bibiche? votre petite chienne ?

Mme THOMASSEAU.
Non, Monsieur, c'est ma fille. Vous la verrez, Monsieur. Un vrai bijou. Sans adieu, nous nous reverrons. J'espère avoir votre pratique.

ENSEMBLE.

Air précédent.

Mme THOMASSEAU.
Je suis marchande à la toilette,
Je vends du bon, je vends du beau,
De vieux, de neuf; faites emplette,
Voici la veuve Thomasseau.

CÉSAR et ROSALINDE.
Elle est marchande à la toilette,
Ell' vend du bon, ell' vend du beau,
De vieux, de neuf; faisons emplette,
Voici la veuve Thomasseau.

(Mme Thomasseau et Rosalinde sortent.)

SCÈNE XI.

CÉSAR, seul.

Ce qui m'arrive est une chose fort divertissante... Moi, César Moutonnet, de Périgueux, patrie des pâtés, dont mon père a une fabrique, mon frère de lait César, qui porte le même nom que moi et que notre boule-dogue, me dit : «César, tu devais aller à Paris à pied, comme un joli garçon ; ma place est retenue, mes malles sont emballées, mais je ne puis partir que dans huit jours; pars pour moi, j'ai payé pour toi. » J'adopte le coupé, et je m'y trouve avec une femme comme jamais Périgueux n'a su en produire... Je fus d'abord galant, comme de juste ; elle, bégueule, comme de raison. Mais après deux lieues de mutisme, la voiture éprouva un cahot. La dame poltronne se jeta dans mes bras en criant : « Sauvez-moi, monsieur César ! » — Vous savez mon nom, m'écriai-je... — « Sans doute, n'êtes-vous pas, fit-elle, M. César, fils du receveur-général de la Dordogne ? » J'eus la faiblesse de consentir à ce quiproquo, et à la descente de la diligence, au lieu d'aller chez mon oncle Tourteau, je descends à l'hôtel de la *Casaubah*, rue d'Alger, où je suis reçu et traité comme un milord, tout ce qu'il y a de plus anglais. Ma cousine Tourteau m'attend pour s'unir à moi; mais je veux faire à Paris quelque temps la vie d'homme à très bonnes fortunes. Je veux séduire provisoirement quelques beautés de la capitale. Justement ! qu'apercois-je ?.. Dieu ! c'est ma nymphe voyageuse ! madame de Sainte-Marie... Si je pouvais être le sien... mari !..

SCÈNE XII.

CÉSAR, Mme SAINTE-MARIE.

Mme SAINTE-MARIE, jouant la surprise.
Vous ici, Monsieur ?.. O ciel !
CÉSAR.
Oui ! oui, *au ciel,* puisque je vous y rencontre...
Mme SAINTE-MARIE.
Par quel hasard ?
CÉSAR.
Par aucun. Je savais que vous deviez y loger.
Mme SAINTE-MARIE.
Mais par quelle adresse ?
CÉSAR.
Par la vôtre. Cette lettre est tombée de votre ridicule.
Mme SAINTE-MARIE, la prenant.
Vous l'avez lue ?
CÉSAR.
J'en avais une envie démesurée ; mais c'eût été malhonnête.
Mme SAINTE-MARIE, à part.
L'imbécille !
CÉSAR.
N'est-ce pas ?
Mme SAINTE-MARIE.
Croyez, Monsieur, qu'une femme comme moi ne craint rien. Je désire que vous la lisiez !
CÉSAR.
Je ne suis pas un indiscret.
Mme SAINTE-MARIE.
Je l'exige.
CÉSAR, la prenant.
Si ça peut vous faire plaisir...
Mme SAINTE-MARIE.
Je veux que vous sachiez à qui vous avez affaire.
CÉSAR, regardant la lettre.
Ah ! quelle vilaine écriture !
Mme SAINTE-MARIE.
C'est celle d'un prince !
CÉSAR.
Oh ! la drôle d'orthographe !
Mme SAINTE-MARIE.
Il est étranger...
CÉSAR.
A la grammaire ? (Lisant.) Madame, quoi !.. vous refusez ce qu'offre... — Il vous offre un *coffre* ?.. « Ce qu'offre à vos charmes un prince polonais !.. » — Ah ! c'est un prince polonais !.. — « Je jure par le Cocasse... » Non, par le *Caucase,* un fleuve de ce pays-là !.. — « Je jure » par le Caucase, que je brûle pour vous, et que » mon intention, comme palatin, est de vous » faire palatine... » — C'est chaud ! — « Ah ! » venez dans mon palais de Cracovie, avec le- » quel je me mets à vos pieds. Le prince Cha- » koski. » — Je connais un bottier de ce nom-là !

Mme SAINTE-MARIE.
Ce n'est pas de la même tige.
CÉSAR.
Ah ! ce n'est pas de la même tige ! Et pourquoi refusez-vous ce qu'offre ce prince cracovien ?
Mme SAINTE-MARIE.
Par esprit national !
(Avec sentiment et levant les yeux au ciel.)

Air du Démon de la Nuit.

J'ai vu briller sur mon berceau
Le doux soleil de ma patrie,
Et son éclat si pur, si beau,
M'éclairera jusqu'au tombeau.
Je ne veux pas, étant Française,
Ni par caprice, ni par goût,
Devenir Russe ou Polonaise,
Non, non, mon pays avant tout !
Devenir Russe ou Polonaise,
Monsieur, mon pays avant tout.

CÉSAR, transporté.
O ma sublime compatriote ! quel bonheur pour moi que la Dordogne soit dans la France, et que Périgueux soit le chef-lieu de ce département !
Mme SAINTE-MARIE.
Quoi ! Monsieur, vous auriez donc l'intention ?..
CÉSAR.
J'ai lu dans vos yeux que vous ne m'envisagiez pas d'un mauvais œil. J'ai là recette pour me faire aimer.
Mme SAINTE-MARIE.
La recette ? Est-ce une allusion à ce que votre père est receveur-général ? Et croiriez-vous que l'intérêt... que vous m'inspirez ?..
CÉSAR.
Je vous inspire de l'intérêt !..
Mme SAINTE-MARIE.
Je ne sais plus ce que je dis !.. vous abusez de ma faiblesse... Rendez-moi cette lettre... Je vais répondre au prince qu'il renonce à moi, qu'il perde tout espoir, qu'un Français seul... Ah ! que vous êtes dangereux !

Air des Échos de Musard.

A ses brillans succès,
On connaît un Français !
Quand il attaque un cœur,
Il est toujours vainqueur.

ENSEMBLE.

CÉSAR.
A ses brillans succès,
On connaît un Français !
Quand il attaque un cœur,
Il est toujours vainqueur.
Mme SAINTE-MARIE.
A ses brillans succès,
On connaît un Français !
Quand il attaque un cœur,
Il est toujours vainqueur.

(Mme Sainte-Marie sort.)

SCÈNE XIII.

CÉSAR, seul.

Une Française qui a méprisé un prince polonais par esprit national ! Mais épousera-t-elle, par le même esprit national, un jeune pâtissier de Périgueux ? Pourquoi pas ? Si ce pâtissier-traiteur la charme, comme il paraît avoir déjà charmé les deux seules femmes de la capitale qui l'ont aperçu. — Je me parais une sorte de Faublas au petit pied... (Regardant ses pieds.) Quand je dis au petit pied... Maintenant, il me répugne fort d'aller trouver ma cousine Tourteau : je vais lui écrire un mot, pour la faire patienter. (Il écrit.) « Ma chère et bien aimée » cousine, si vous m'aimez comme je vous aime, » vous devez vouloir mon bonheur. Une fem- » me charmante m'adore ; vous ne pouvez pas » m'adorer, vous, ne m'ayant pas vu depuis dix » ans. D'ailleurs, je suis devenu fort laid... » Voilà un mensonge ingénieux ! — « Fort laid, » je désire qu'il en soit de même de vous, pour » m'ôter le regret de ne pas vous épouser. Sur » ce, je suis et serai toujours votre cousin, Cé- » sar Moutonnet » Cela va peut être l'affliger. Mettons un *post-scriptum.* « Je réfléchis que » cela vous fera de la peine, et je ne vous en- » verrais pas cette lettre, si, malheureusement, » elle n'était déjà partie. » C'est assez adroit. — Mettrai-je encore quelque chose ? Oui, un pain à cacheter. Je vais donc enfin couler des jours enchanteurs !..

SCÈNE XIV·

CÉSAR, Mme TOURTERELLE.

Mme TOURTERELLE, qui a entendu les derniers mots.

Monsieur est musicien ?

CÉSAR.

Plaît-il ?

Mme TOURTERELLE.

Monsieur est le nouvel hôte de cet hôtel ?

CÉSAR.

Après ?

Mme TOURTERELLE.

Vous voulez couler vos jours *en chanteur.* Vous avez bien raison. Le siècle est tout musical. L'harmonie est la reine de la société, et les chanteurs en sont les rois.

CÉSAR.

Je me le suis laissé dire.

Mme TOURTERELLE.

Monsieur débute dans la capitale ? Pour peu qu'il ait un filet de voix, avec ma méthode, il peut prétendre aux succès les plus étourdissans.

CÉSAR, à part.

D'après ma nouvelle prétention, il faut que je me bourre de talens. (Haut.) Madame, je suis musicien, rossinien, halévien, wéberien, aubérien, mayerbéérien. Quand il arrivait une trou-

pe d'opéra à Périgueux, je faisais ma partie d'orchestre, en amateur. Également musicien dans notre garde nationale, je ne jouais d'abord que du chapeau chinois, mais vu mon intelligence, on m'a mis au violon. Je ne suis pas encore un *Vieutemps*, mais avec le temps, je puis en devenir un.

Mme TOURTERELLE.

Vous ne pouvez pas vous dispenser d'accepter ma collection d'albums musicaux. Depuis dix ans, j'en publie un tous les six mois. Le dépôt est dans cet hôtel... à vingt francs pièce...

CÉSAR.

Deux cents francs.

Mme TOURTERELLE, lui montrant le paquet.

Tous les voyageurs qui logent ici s'en chargent.

CÉSAR.

Sans charge ?.. Il y a de quoi en charger une voiture.

Mme TOURTERELLE.

Avec la remise. Et si vous voulez prendre de mes leçons, dix francs le cachet, six mois d'avance.

CÉSAR.

Dix-huit cents francs, avec les deux cents francs d'albums, deux mille francs.

Mme TOURTERELLE.

Je vous offrirai aussi la main d'un célèbre pianiste, coulée en plâtre.

CÉSAR.

En plâtre !.. Qu'est-ce que vous voulez que j'en fasse ?

Mme TOURTERELLE.

Ces cinq doigts de génie ne vous coûteront que cinq francs.

CÉSAR.

Un franc par doigt ?

Mme TOURTERELLE.

L'illustre virtuose fera incessamment mouler ses pieds, couler son nez...

CÉSAR.

Et tirer ses cheveux... Merci !..

Mme TOURTERELLE.

Vous ne pouvez également vous dispenser de vous abonner à mon journal : *la Gaule musicale.* Cette Gaule est rédigée par MM. Bâton et Gourdin. Abonnement, six francs par an, douze francs pour six mois, vingt-quatre francs pour trois mois...

CÉSAR.

Quarante-huit francs pour six semaines. Je m'abonne pour quinze jours.

Mme TOURTERELLE.

Vous jouissez de la prime offerte aux abonnés. Douze bustes de musiciens célèbres, ou douze paires de bottes, et douze concerts ou douze dîners.

CÉSAR.

J'aime mieux les dîners et les bottes. Provisoirement, voulez-vous m'essayer ?

Mme TOURTERELLE,

Vous voulez dire quelque chose ?

CÉSAR.

Non, je veux chanter.

Mᵐᵉ TOURTERELLE.

On ne dit pas chanter ; on dit : dire une romance, dire un morceau. Venez près de ce chaudron, honoré du nom de piano. Voulez-vous, pour commencer, entendre une de mes favorites, une *canzonetta,* une espèce de *ranz* ?

CÉSAR.

Je me mets au rang de vos admirateurs, *au rang où tant* d'autres sont, sans doute.

Mᵐᵉ TOURTERELLE, au piano.

Air nouveau de M. Damoreau.

Beau berger, as-tu vu la lune,
Disque argenté dans un ciel bleu,
Qui se peint, pâle, sur la dune,
Et met les flots de l'onde en feu ?
Tra, la, la, la, ou, ou, ou !

CÉSAR, tenant la feuille de musique.

Ou, ou, ou !.. Quelle mélodie !.. on dirait d'un chien qui a perdu son maître... *Ou, ou, ou !..*

Mᵐᵉ TOURTERELLE.

Au second couplet !

(Même air.)

CÉSAR.

Beau berger, as-tu vu l'étoile
Qui scintille dans un ciel noir,
De la gondole suit la voile,
Et file en te disant : Bonsoir !

Mᵐᵉ TOURTERELLE.

Ensemble !..

Tra, la, la, la, ou, ou, ou !

●●●●○○●●○○●●○○●●○○●●○○●●○○●●○○●●○○●●○○●●○○●●

SCÈNE XV.

LES MÊMES, Mᵐᵉ THOMASSEAU, BIBICHE.

(Bibiche est coiffée d'un petit bonnet à l'enfant ; elle a deux nattes très longues, un petit tablier de soie, une jupe assez courte, un pantalon à manchettes.)

Mᵐᵉ THOMASSEAU.

Bravi ! bravo ! brava !.. Tiens, vous faites de la musique, vous autres, et sans nous prévenir ! Monsieur, je vous présente ma fille, qui est élève du *Conversatoire.*

CÉSAR.

Mademoiselle est aussi virtuose ?

Mᵐᵉ THOMASSEAU.

Vous voulez dire vertueuse... Oui, et élève pour les jambes... C'est M. Barrez qui la dresse. Je la mitonne pour *la grande* Opéra. J'espère bien qu'elle enfoncera les Taglioni, les Elssler, les *Carotta* Grisi... Elle leur-z-en fera voir des grises, n'est-ce pas, Bibiche ?

BIBICHE, d'un ton enfantin.

Oui, maman.

Mᵐᵉ THOMASSEAU.

Voyez, Monsieur, comme c'est taillé et *jambré* !.. Eh bien ! c'est encore sur le troisième rang, ça ne peut pas avancer, manque d'un *protégeur.*

CÉSAR.

Manque d'un quoi ?

Mᵐᵉ THOMASSEAU.

Manque d'un *protégeur...* Je parle français, je crois.

CÉSAR, à part.

J'avais bien entendu... (Haut.) Il me semble que pour avancer elle n'a besoin que de ses pieds.

Mᵐᵉ THOMASSEAU.

Ça ne suffit pas... faudrait qu'un homme généreux *parlasse* aux *amistrateurs...* Et si ma fille se trouve une fois sur le devant, il n'y aura pas assez de *binoques* pour la lorgner... Ah ! mon cher Monsieur, vous qu'avez l'air d'aimer les *artisses,* faites la farce de protéger ma fille, et je vous embrasserai pour la peine. Je veux que Bibiche débute dans le *Diable amoureux.* Elle le jouera au naturel... il n'y a pas de lutin pareil... elle fait des sauts !.. On n'aura jamais vu tant de *sauts* à l'Opéra.

CÉSAR.

Au fait, Mamzelle a l'air très leste.

Mᵐᵉ THOMASSEAU.

Leste pour la danse, mon cher Monsieur, et voilà tout. Elle ne l'est pas dans ses mœurs. Elle tient de sa chaste mère, de moi, veuve Thomasseau, marchande à la toilette et pantalonnière. Je cumule, oui, Monsieur, et je ne laisse mes pantalons que pour conduire ma fille à la classe. Je ne veux pas qu'il y ait dans sa conduite rien de louche ; c'est pour cela que j'ai un œil sur les galans, et l'autre œil sur sa vertu. N'est-ce pas, Bibiche ?

BIBICHE.

Oui, maman.

Mᵐᵉ THOMASSEAU.

Je voudrais que vous la *voyassiez* travailler. Donne *une petite* échantillon à Monsieur, veux-tu, Bibiche ?

BIBICHE.

Oui, maman.

Mᵐᵉ THOMASSEAU.

Ta mère te soutiendra. J'ai dansé aussi dans mon temps. (A Mᵐᵉ Tourterelle.) Mᵐᵉ Chose...

Mᵐᵉ TOURTERELLE.

Tourterelle, s'il vous plaît.

Mᵐᵉ THOMASSEAU.

Mᵐᵉ Tourterelle, vous qui avez la musique en main, *pianotez*-nous donc *quèque* chose. Et toi, Bibiche, pose-toi, cambre ta taille, arrondis tes bras. Elle est très forte pour l'arrondissement. Mᵐᵉ Tourterelle, la cracovienne !

(Elle danse la cracovienne avec sa fille. Mᵐᵉ Thomasseau termine en donnant un coup de pied à César.)

CÉSAR.

Aïe ! aïe !..

Mᵐᵉ THOMASSEAU.

Est-ce que je vous ai fait mal ?

CÉSAR.

Au contraire.

Mᵐᵉ THOMASSEAU.

Je suis si légère. On m'appelait Zéphyr. J'ai débuté dans *Spiché*. Un jour, je suis restée en l'air.

CÉSAR.

Comment ça ?

Mᵐᵉ THOMASSEAU.

Sur un pied. (On entend une cloche.) Tiens, qu'est-ce qui cloche ?

SCÈNE XVI.

Les Mêmes, ROSALINDE.

ROSALINDE.

Mesdames, je viens vous annoncer que le dîner est servi. Et ce soir, Madame a l'intention de vous mener à sa campagne.

Mᵐᵉ THOMASSEAU.

A quelle campagne ?

ROSALINDE.

Madame en a loué une à Asnières.

Mᵐᵉ THOMASSEAU.

Ah ! quel bonheur ! quel plaisir !.. J'adore la campagne en général, et Asnières en particulier. Et toi, Bibiche ?..

BIBICHE.

Moi aussi, maman.

Mᵐᵉ THOMASSEAU, embrassant Bibiche.

Elle a tous les goûts de sa mère ! (A César, qui vient d'embrasser sa fille.) Eh bien ! Monsieur !.. (Faisant passer sa fille devant elle.) Comment, Bibiche !..

BIBICHE.

Maman, c'est le monsieur...

Mᵐᵉ THOMASSEAU.

Monsieur...

CÉSAR.

J'ai des goûts extrêmement champêtres.

Mᵐᵉ THOMASSEAU.

Asnières est la patrie du goujon. Etes-vous pour le goujon ?

CÉSAR.

Je ne le méprise pas.

Mᵐᵉ THOMASSEAU.

Moi, j'aime mieux l'anguille... Qui se ressemble s'assemble. Ce n'est pas pour moi que je dis ça, c'est pour Bibiche.

BIBICHE.

Merci, maman.

Mᵐᵉ THOMASSEAU.

Comme elle est polie !.. Dieu ! allons-nous folâtrer !.. Y a-t-il une balançoire ?

ROSALINDE.

Je crois que oui.

Mᵐᵉ THOMASSEAU.

La balançoire est ma folie : ça m'étourdit un peu, mais je me risque. Donnez le bras à ma fille, jeune homme... je vous y autorise.

CÉSAR.

Décidément je suis une sorte de Richelieu. Ah ! à propos de Richelieu, Mˡˡᵉ Rosalinde, voilà une lettre que je vous prie de faire mettre à la poste.

ROSALINDE, la prenant.

Donnez !..

SCÈNE XVII.

Les Mêmes, Mᵐᵉ SAINTE-AMARANTE, Mᵐᵉ SAINTE-MARIE.

Mᵐᵉ SAINTE-AMARANTE.

Allons, allons, Mesdames, tout est prêt... on peut passer dans la salle à manger. Ne laissons pas refroidir.

Mᵐᵉ THOMASSEAU.

Je crois bien ! Avec ça que je me sens prête à tout dévorer. J'ai des *faillances* dans l'estomac. Mon estomac est *creusé* comme le puits *athénien* de Grenelle. Et toi, ma Bibiche ?

BIBICHE.

Moi aussi, maman... Elle est creuse.

TOUTES.

A table ! à table !

CHŒUR.

Air du Roi d'Yvetot.

Allons, allons, mettons-nous gaîment
Bien vite à table !
Sans nul souci,
Fêtons ici
Ce repas aimable !
Quel plaisir !
Quel plaisir !
Le dîner va nous offrir !

Mᵐᵉ THOMASSEAU, à Bibiche, qui reste.

Eh bien ! Bibiche, qu'est-ce que tu fais là ?

BIBICHE.

J'attends le monsieur.

Mᵐᵉ THOMASSEAU.

On n'attend jamais les messieurs, on les fait attendre... Viens avec ta mère.

(Elle l'emmène.)

REPRISE DU CHŒUR.

Quel plaisir ! etc.

SCÈNE XVIII.

ROSALINDE, EUPHRASIE.

ROSALINDE, à Euphrasie.

Ah ! c'est vous, Mademoiselle ? J'ai à vous parler.

EUPHRASIE.

Ce n'est donc pas moi qui sers le dîner ?

ROSALINDE.

Ça aurait bonne mine, dans une maison du bon genre. Vous l'avez fait, c'est bien assez... Il faut un domestique mâle. Le portier passe un frac noir, des gants de coton blanc, et c'est lui qui sert à table.

EUPHRASIE.

Ah ben ! à notre restaurant de la rue des Mauvais-Garçons, c'était moi qui servais les pratiques.

ROSALINDE.

Etait-ce un endroit de bon ton ?

EUPHRASIE.

Air de la Famille de l'Apothicaire.

C'était un joli restaurant,
On payait vingt-deux sous par tête.
Il y v'nait plus d'un étudiant
Qui trouvait la cuisin' parfaite.
Qu'importe, veau, bœuf ou mouton,
Lorsqu'on a les yeux sur la fille ?
Le dîner paraît toujours bon,
Quand cell' qui le sert est gentille.

ROSALINDE.

Pourquoi donc avez-vous quitté ce joli établissement ?

EUPHRASIE.

Je ne l'ai pas quitté pour long-temps ; mais c'est que j'attends mon cousin qui doit venir m'épouser, acheter le fonds, et l'exploiter avec moi. Alors, en l'attendant, j'ai cherché une place, et je suis entrée ici.

ROSALINDE.

C'est votre bonne étoile qui vous y a conduite. Ah ça ! je vous ai bien instruite sur tout ce que vous devez dire.

EUPHRASIE.

Oh ! je me tirerai de mon rôle mieux que vous ne croyez.

ROSALINDE.

C'est bon : mais chut ! écoutez, le dîner s'anime. Je crois qu'on est déjà au vin de Champagne.

VOIX, en dehors.

A la santé de M. César !

EUPHRASIE.

César ! c'est le nom de mon cousin.

ROSALINDE.

Ah ça ! mon enfant, je compte sur vous... Entre femmes, il faut se soutenir.

EUPHRASIE.

Certainement ; les hommes sont si trompeurs !

ROSALINDE.

Est-ce que vous avez été trompée ?..

EUPHRASIE.

Pas encore : mais j'ai été sur le point de l'être, et je me tiens sur mes gardes.

ROSALINDE.

Vous avez raison.

LES FEMMES, en dehors.

Rosalinde ! Rosalinde !

ROSALINDE.

On m'appelle... allez m'attendre là-dedans... Ah ! mon Dieu ! j'oubliais... Allez au café du coin, dire que l'on apporte six demi-tasses... Je vais vous donner de l'argent. (Elle fouille dans sa poche.) Tiens ! la lettre que M. César m'avait dit de mettre à la poste ! je l'avais oubliée. Vous la mettrez, en passant, dans la boîte aux lettres.

(Elle sort.)

SCÉNE XIX.

EUPHRASIE, seule.

Ah ! mon cousin César Moutonnet, vous vous donnez pour le fils d'un receveur ! et vous écrivez des lettres... (Elle regarde la lettre.) Mais, qu'est-ce que je vois donc là ?.. cette lettre est à mon adresse. (Elle l'ouvre et la parcourt.) Voilà une drôle de chose... « Ma chère cousine... » Hum... hum... « Si vous m'aimez... une femme » charmante m'adore... Je suis devenu fort laid ! » je désire qu'il en soit de même de vous... Le » regret de ne pas vous épouser... » Ah ! mon Dieu ! les vilains hommes !.. Que faire ?.. Mais je les entends... on vient par ici. Ah ! mon cher cousin, nous verrons ! je ne t'en tiens pas quitte !

(Elle se sauve.)

SCÉNE XX.

CÉSAR, entrant.

Ah ! il fait trop chaud là-dedans... Le vin de Champagne, les femmes, tout ça vous monte la tête !.. Et Mme Sainte-Marie qui m'a fait signe de sortir : elle veut me parler en particulier. La voilà elle-même, je crois... Non, je reconnais la Thomasseau.

SCÉNE XVI.

CÉSAR, Mme THOMASSEAU.

Mme THOMASSEAU, les bras croisés, et d'un ton tragique.

Jeune homme, pourquoi vous *esclissez-vous* de table, en faisant des gestes à Bibiche ?

CÉSAR.

Moi, Madame ?

Mme THOMASSEAU.

Je vous ai guigné pendant tout le repas : vous n'avez fait que clignoter des yeux, et vous m'avez donné des coups de pied sous la table.

CÉSAR.

A vous, belle dame ?

Mme THOMASSEAU.

Je les ai reçus, mais ils s'adressaient à Bibiche.

CÉSAR.

Je n'aurais pas eu l'impolitesse de salir ses bas.

Mme THOMASSEAU.

Vous vouliez lui monter la tête : vous lui avez versé six verres de champagne mousseux, que j'ai bus pour ménager Bibiche.

CÉSAR.

Mes intentions étaient pures comme le vin que je versais.

Mme THOMASSEAU.

Le vin était *farlaté*, et vos intentions *t*-aussi.

CÉSAR.

Femme Thomasseau, vous m'inculpez !

Mme THOMASSEAU.

Bibiche est mineure. Je vais vous traduire à la correctionnelle, et vous paierez des dommages et intérêts.

CÉSAR.

Des dommages ? Moi, allons donc !

Mme THOMASSEAU.

Oui, Monsieur. Ma fille est à marier, et vous êtes capable de lui faire manquer *une* établissement.

CÉSAR.

Laissez-moi donc tranquille ! Je vais prendre mon café.

Mme THOMASSEAU.

Je ne vous quitte pas !

CÉSAR.

Et ma liqueur.

Mme THOMASSEAU, le retenant.

Je vous quitte encore moins !

CÉSAR.

Voulez-vous me lâcher ?

Mme THOMASSEAU.

Je m'accroche à vous. Il me faut une réparation !

CÉSAR.

Vous en avez besoin !

Mme THOMASSEAU.

Vous épouserez Bibiche, ou vous me donnerez cent mille francs de dommages.

CÉSAR.

Prenez garde de les perdre. Voilà ces dames.

Mme THOMASSEAU.

Elles vont me voir en tête-à-tête avec vous. Ça fera des propos.

SCÈNE XXII.

Les Mêmes, Mme SAINTE-AMARANTE, Mme SAINTE-MARIE, Mme TOURTERELLE, BIBICHE ; puis, ROSALINDE.

(Un garçon de café apporte le café et les liqueurs, qu'il pose sur un guéridon.)

CHŒUR.

Air du Puits d'amour.

Ah ! quel plaisir ! ah ! quelle ivresse !
Ce champagne était du nectar !
Tout nous invite à l'allégresse,
C'est un festin de Balthazar !

CÉSAR.

Je rends grâce à l'aimable hôtesse,
Qui traîne les cœurs à son char.

Mme SAINTE-AMARANTE.

De grâce et de délicatesse,
Le vrai modèle, c'est César.

TOUS.

Ah ! quel plaisir ! ah ! quelle ivresse !
Ce champagne était du nectar !
Tout nous invite à l'allégresse,
C'est un festin de Balthazar !

CÉSAR.

Mesdames, Mesdames, je suis ici dans le paradis de Mahomet, et vous êtes six houris.

Mme THOMASSEAU.

Six souris !.. Je suis une petite souris !..

TOUTES.

Il est charmant !

CÉSAR.

Vous êtes toutes des Vénus et des Grâces.

Mme THOMASSEAU.

Et moi aussi, n'est-ce pas ?

CÉSAR.

Deux fois plus *grasse* que les autres.

Mme SAINTE-MARIE, à part.

Il n'y voit plus clair !

CÉSAR.

J'ai joué à pair ou non, et j'ai perdu le champagne.

Mme THOMASSEAU.

Perdu... Non... Vous l'avez bu !

CÉSAR.

Ah ! c'est très drôle ! J'ai perdu aussi le café et la liqueur.

Mme SAINTE-AMARANTE.

Nous allons les prendre.

Mme THOMASSEAU.

Dites donc, vous avez aussi perdu le *pong*.

CÉSAR.

J'ai perdu l'esprit ! J'ai tout perdu !

(Il embrasse Mme Thomasseau, qui rit.)

Mme SAINTE-AMARANTE,

Allons, Mesdames, ne laissez pas refroidir café.

CÉSAR.

Ne laissons rien refroidir.

(Les femmes se groupent autour de la table, prennent les tasses et se promènent en prenant le café ; Mme Thomasseau prend sa tasse et son petit verre, et va s'asseoir près du piano. Bibiche s'assied à côté d'elle sur un petit tabouret de pied.)

Mme SAINTE-MARIE, prenant César à part.

Méchant ! Pendant tout le dîner, vous avez fait des yeux à Mme Sainte-Amarante.

CÉSAR.

Par pure politesse. Je n'en ai que pour vous.

Mme SAINTE-MARIE.

J'ai écrit au prince ; je lui ai donné son congé.

CÉSAR.

Je vous donne mon cœur !

Mᵐᵉ SAINTE-MARIE.

Et votre main?..

CÉSAR.

Quand vous voudrez.

Mᵐᵉ SAINTE-MARIE.

Je ne le croirai que lorsque vous aurez signé cette promesse.

(Elle lui montre un papier.)

CÉSAR.

Je la signerais de mon sang... Donnez-moi un poignard, un couteau, un canif.

Mᵐᵉ SAINTE-MARIE.

Venez dans le salon ; il y a une plume et de l'encre.

CÉSAR.

J'aime mieux ça ! Ça sera plus tôt fait.

Mᵐᵉ SAINTE-AMARANTE, s'approchant et les séparant.

Où donc voulez-vous conduire Monsieur, cher ange ? Que tenez-vous là ?

Mᵐᵉ SAINTE-MARIE.

Rien... rien... (A part.) Je le tenais ; elle vient nous déranger !..

(Elle s'éloigne un peu.)

Mᵐᵉ SAINTE-AMARANTE, à César.

Il faut, avant tout, signer mes vingts actions... Vous savez... trois cents pour cent de bénéfice...

CÉSAR.

Je signerai... Ce seront les plus belles actions de ma vie.

Mᵐᵉ THOMASSEAU, à sa fille.

Mon poulet, veux-tu un canard ?

BIBICHE.

Oui, maman... avec un peu d'eau-de-vie.

Mᵐᵉ THOMASSEAU.

De l'eau-de-vie !.. Les enfans, jamais !.. Les mères, bon !..

(Elle avale le petit verre.)

ROSALINDE, qui vient d'entrer avec un paquet de burnouss.

Monsieur César, j'ai apporté vos burnouss... Les voici.

TOUTES.

Oh ! les jolis burnouss !

Mᵐᵉ TOURTERELLE.

J'ai toujours eu envie d'en avoir un !

TOUTES.

Moi aussi ! moi aussi !

Mᵐᵉ THOMASSEAU.

Et moi donc ! Il me faut un *burnouffe*...Avec ça que ma fille m'avait promis un châle *carcan*.

TOUTES, entourant César.

Ah ! Monsieur César, donnez-le-moi !

CÉSAR.

Comment donc, Mesdames... ils sont à votre service... Je ne veux pas gagner sur vous... je vous les donne...

TOUTES.

Merci ! merci !

CÉSAR.

Au prix coûtant.

(Elles s'en emparent toutes et les essaient.)

Air de la Part du Diable.

Avec ce vêtement,
D'une femme la toilette
Est complète.
Avec ce joli vêtement
Le beau sexe est vraiment
Charmant.

Mᵐᵉ THOMASSEAU, se promenant.

Ah ! que ça me va bien ! Comme ça me fait la taille !.. J'ai l'air d'une gazelle.

ROSALINDE, remettant un papier à César.

Voilà la facture.

CÉSAR, la mettant dans sa poche.

Je ne la regarde seulement pas.

(Rosalinde sort.)

Mᵐᵉ SAINTE-MARIE, à part.

Il n'a pas signé la promesse, mais je ne le perds pas de vue.

Mᵐᵉ SAINTE-AMARANTE, à part.

Il n'a pas pris mes actions; mais on les lui fera prendre.

SCÈNE XXIII.

LES MÊMES, ROSALINDE, revenant.

ROSALINDE, accourant.

Mesdames, Mesdames, voilà la somnambule!

(Elle sort.)

TOUTES.

Une somnambule !

Mᵐᵉ SAINTE-AMARANTE.

Oui, Mesdames, c'est une surprise que je vous ménageais.

CÉSAR.

Une somnambule ! une de ces femmes qui disent la bonne aventure en dormant, qui lisent dans les cœurs, dans toutes sortes de choses, et à livre ouvert, les yeux fermés?

Mᵐᵉ SAINTE-AMARANTE.

Précisément.

CÉSAR.

Ah ! bon ! je vais la consulter... Je crois beaucoup aux somnambules !

(Musique. Ritournelle du chœur suivant.)

Mᵐᵉ SAINTE-AMARANTE, à part.

Rosalinde l'a instruite... Je le tiens.

Mᵐᵉ SAINTE-MARIE, à part.

Rosalinde l'a mise dans mes intérêts... Il est à moi !

Mᵐᵉ SAINTE-AMARANTE.

Chut ! chut ! silence, la voici !

(Tout le monde se range en silence des deux côtés du théâtre. Les femmes ont posé leurs burnouss sur les siéges, excepté Bibiche, qui garde le sien.)

SCÈNE XXIV.

LES MÊMES, EUPHRASIE, vêtue de blanc, en corset et jupe de nuit, et conduite par Rosalinde, s'avance lentement, et s'arrête au milieu du théâtre.)

(Musique en sourdine.)

CHŒUR MYSTÉRIEUX.

Air du Roi d'Ivetot.

Ell' dort, ell' dort, allons, faisons silence;
Ell' dort, ell' dort, allons, parlons tout bas!
Ell' dort, ell' dort, admirons sa science;
Ell' dort, ell' dort, ne la réveillons pas!

Mᵐᵉ THOMASSEAU, à César, qui vient de chanter très fort le dernier vers du chœur.

Taisez-vous donc!.. Vous allez la réveiller en *cerceau.*

(Rosalinde place un fauteuil. Euphrasie s'assied.)

Mᵐᵉ SAINTE-AMARANTE, avec emphase.

Vous allez voir un phénomène insolite et anormal, déterminé par la puissance du fluide déversé par l'être qui se met en rapport avec le sujet... Vous comprenez?.. C'est clair.

Mᵐᵉ THOMASSEAU.

Comme la bouteille à l'encre.

CÉSAR.

Un peu moins.

Mᵐᵉ SAINTE-AMARANTE.

Qu'est-ce qui veut se mettre en rapport avec la somnambule?

TOUTES.

Moi! moi! moi!

Mᵐᵉ SAINTE-AMARANTE.

Chut! parlez l'une après l'autre. Dans cet état de somnambulisme, elle voit par tous ses membres : mais elle n'a qu'une langue pour parler.

CÉSAR.

C'est bien assez!

Mᵐᵉ SAINTE-AMARANTE, bas, à Rosalinde.

L'as-tu bien instruite sur toutes ces femmes?

ROSALINDE, bas.

Sur toutes... sans exception.

Mᵐᵉ SAINTE-AMARANTE.

Faisons le premier essai. (A César.) Prêtez-moi votre montre.

CÉSAR.

Pourquoi faire?

(Il la lui donne.)

Mᵐᵉ SAINTE-AMARANTE.

Vous allez voir. (Elle la met derrière le dos d'Euphrasie, et lui tient la main.) Jeune somnambule, quelle heure est-il?

CÉSAR.

Voyons ce qu'elle va répondre.

(Rosalinde la souffle tout bas.)

EUPHRASIE.

Dix heures et demie deux minutes trente secondes.

Mᵐᵉ THOMASSEAU.

Elle a donc des yeux par derrière?

EUPHRASIE.

Cette montre est à un jeune homme qui veut m'en faire cadeau.

(Elle la prend et la met dans son sein.)

CÉSAR.

Mais non, mais non.

Mᵐᵉ SAINTE-AMARANTE.

Ne la réveillez pas.

CÉSAR.

Laissez-moi reprendre ma montre!

ROSALINDE.

Où elle l'a mise, c'est impossible.

CÉSAR, avec malice.

Savoir! savoir!

Mᵐᵉ SAINTE-AMARANTE.

Prenez sa main, et mettez-vous en rapport avec elle.

CÉSAR, lui prenant la main.

Oh! qu'elle a la main douce!.. (Il la baise.) Je trouve qu'elle sent un peu l'échalotte. Elle est jolie au moins. Je trouve qu'elle a un faux air de mon oncle Tourteau.

Mᵐᵉ SAINTE-AMARANTE.

Votre oncle Tourteau?..

CÉSAR, à part.

Oh! (Se reprenant.) Oui, de mon oncle le préfet.

Mᵐᵉ SAINTE-AMARANTE.

Interrogez-la!

CÉSAR.

Je veux bien. Jeune somnambule, que voyez-vous maintenant?

EUPHRASIE.

Un oiseau qu'on veut mettre en cage.

Mᵐᵉ THOMASSEAU.

Ça doit être un canari.

CÉSAR.

Que voyez-vous autour de ce jeune serin?

EUPHRASIE.

D'autres oiseaux qui cherchent à le plumer.

Mᵐᵉ THOMASSEAU.

Ah! pauvre petite bête!

CÉSAR.

Quels sont donc ces oiseaux?

EUPHRASIE, montrant du doigt Mᵐᵉ Tourterelle.

Une ci-devant fauvette, qui cherche à rajuster son plumage au moyen de son ramage.

CÉSAR, riant.

C'est la musicienne...

(Il chante.)

La, la, la, ou, ou!

Mᵐᵉ TOURTERELLE.

L'insolente!

Mᵐᵉ SAINTE-AMARANTE, riant.

C'est qu'elle dit la vérité!

Mᵐᵉ THOMASSEAU, de même.

Elle est farce!..

EUPHRASIE, montrant Mᵐᵉ Thomasseau.

Une vieille pie-grièche qui promène une bécasse.

CÉSAR.

C'est la débitante de *cols!*

Mᵐᵉ THOMASSEAU.

Tais-toi, langue!..

BIBICHE, pleurant.

Maman!..

Mᵐᵉ THOMASSEAU.

Ne pleure pas, Bibiche, je te trouverai un ambassadeur.

(Elle lui essuie les yeux avec son mouchoir.)

Mᵐᵉ SAINTE-MARIE, à César.

Demandez-lui donc si vous devez vous marier?

CÉSAR.

Aimable somnambule... dois-je épouser une femme charmante, qui dédaigne pour moi un prince palatin?..

EUPHRASIE.

De Cracovie, qui pourrait bien se changer en un quartier-maître de spahis, pour vous couper les oreilles.

CÉSAR.

Ne coupons rien !

Mᵐᵉ SAINTE-MARIE.

Ah! la scélérate !

Mᵐᵉ SAINTE-AMARANTE, avec ironie.

Chère amie, tu peux déchirer la promesse de mariage que tu avais préparée.

CÉSAR.

J'allais faire une belle affaire ! Je vois que je ferai mieux d'épouser une ravissante maîtresse d'hôtel garni.

Mᵐᵉ SAINTE-AMARANTE, à part.

Je triomphe !

CÉSAR.

N'est-ce pas, somnambule, que je serai heureux avec cette femme idéale?

Mᵐᵉ SAINTE-AMARANTE.

Qui est prête à l'enrichir. Aimable somnambule, remettez-lui cés actions.

(Elle les lui donne.)

EUPHRASIE, les déchirant et se levant.

Les voilà au pair. L'élégant César n'est qu'un imbécille !

CÉSAR, surpris.

Ah bah !

EUPHRASIE.

Il s'est cru adoré par des intrigantes, des bédouines, car il y en a à Paris comme en Afrique, et surtout dans la rue d'Alger, à l'hôtel de la *Casaubah* !

TOUTES.

Elle ne dormait pas !

Mᵐᵉ SAINTE-AMARANTE.

Qu'est-ce qu'elle dit donc?.. C'est une fausse somnambule, une misérable, une intrigante !

TOUTES, criant.

Une intrigante !

EUPHRASIE.

Comme vous, Mesdames !

ENSEMBLE.

Air du Roi d'Yvetot.

TOUTES, excepté Euphrasie.

C'est abominable!
C'est épouvantable !
Ah! quelle trahison !
De cette insolente,
De cette intrigante,

Il faut avoir raison !
Oui, nous aurons raison !
Vengeance! vengeance !
De la trahison !

CÉSAR et EUPHRASIE.

C'est abominable !
C'est épouvantable !
Ah! quelle trahison !
De ces insolentes,
De ces intrigantes,
Oui, nous aurons raison !
Vengeance! vengeance !
Quelle trahison !

Mᵐᵉ SAINTE-AMARANTE.

Mais comment a-t-elle pu savoir ?..

EUPHRASIE.

Rosalinde m'a appris ma leçon.

Mᵐᵉ SAINTE-AMARANTE.

Rosalinde, je vous chasse !

ROSALINDE.

Ça m'est égal... M. César me prend pour sa femme de confiance... sa gouvernante.

EUPHRASIE, les séparant.

S'il n'épouse pas sa cousine Euphrasie Tourteau, comme il l'en menaçait dans cette lettre.

(Elle la montre.)

CÉSAR.

Comment ! ce serait toi, ma cousine ?

EUPHRASIE.

Oui, mon cousin !

CÉSAR, l'embrassant.

Ah ! qu'il y a long-temps que je ne t'ai vue !

TOUTES.

Son cousin !

EUPHRASIE.

César Moutonnet, fils d'un pâtissier de Périgueux.

Mᵐᵉ THOMASSEAU.

Gueux ! tu ne périras que de ma main!

Mᵐᵉ SAINTE-AMARANTE.

Mais ces malles !.. ce nom de César de la Riffardière.

CÉSAR.

C'est mon frère de lait, qui n'arrivera que dans huit jours. Il ne descendra pas dans l'hôtel de *la Casaubah*, car il n'aurait pas une cousine somnambule pour le tirer de vos griffes !

Mᵐᵉ SAINTE-MARIE.

Et je me suis laissé faire la cour par cet animal !

Mᵐᵉ SAINTE-AMARANTE.

Sors de chez moi, pâtissier !

Mᵐᵉ THOMASSEAU.

Marocain !

Mᵐᵉ TOURTERELLE.

Nous ne sommes pas faites pour frayer avec ces espèces !

Mᵐᵉ THOMASSEAU.

Avec des canailles !

CÉSAR.

Eh! la Thomasseau ! je ne protégerai pas votre Bibiche !

Mme THOMASSEAU.

Allons-nous-en, ma fille!

TOUTES.

Oui, allons-nous-en !

(Elles mettent les burnouss.)

ROSALINDE, les arrêtant.

Un moment !.. Et mes burnouss qui ne sont pas payés !

CÉSAR.

Arrangez-vous avec ces dames... le costume leur va parfaitement. Elles sont joliment bédouinées, les bédouines !..

(Toutes les femmes s'enveloppent de leurs burnouss.)

(TABLEAU.)

CHŒUR.

Air du galop du Puits d'Amour.

Oui, partout, les femmes sont fines.
Gardez-vous, méfiez-vous des rus's féminines.
Si dans tous les pays,
On voit des bédouines,
Par leur ruse on est pris,
Surtout à Paris.

Mme THOMASSEAU.

Air : Vaudeville de Dagobert à l'exposition.

Messieurs, pour le dénouement,
e vous présente Bibiche.
Ell' peut, ainsi qu' sa maman,
Grâce à vous, devenir riche.
Claquez la mère et l'enfant :
Que de claques on n' soit pas chiche.
Claquez tant, tant, tant, tant, tant,
Que tout l' monde soit content.

FIN.

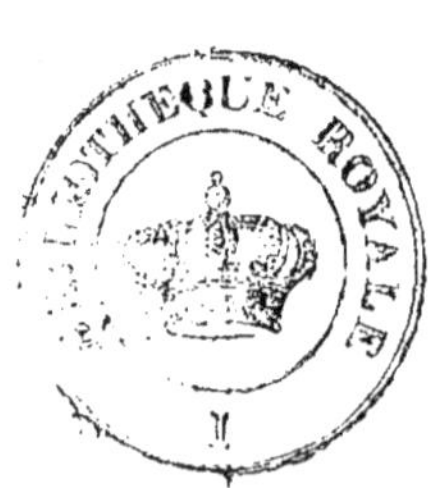

Impr. de Mme DE LACOMBE, r. d'Enghien, 12.